探索发现科普知识
——系列丛书——

动物世界

张 俊◎主编

团结出版社

图书在版编目（CIP）数据

动物世界 / 张俊主编 . -- 北京 : 团结出版社 ,2024.3

（探索发现科普知识系列丛书）

ISBN 978-7-5234-0862-9

Ⅰ . ①动… Ⅱ . ①张… Ⅲ . ①动物—青少年读物

Ⅳ . ① Q95-49

中国国家版本馆 CIP 数据核字 (2024) 第 055293 号

出　　版：团结出版社

　　　　　（北京市东城区东皇城根南街84号　　邮编：100006）

电　　话：（010）65228880 65244790

网　　址：http://www.tjpress.com

E-mail：zb65244790@vip.163.com

经　　销：全国新华书店

印　　装：三河市龙大印装有限公司

开　　本：170mm×240mm　　16开

印　　张：6

字　　数：70千字

版　　次：2024年3月第1版

印　　次：2024年3月第1次印刷

书　　号：978-7-5234-0862-9

定　　价：215.00元（全12册）

前言
PREFACE

　　人类是动物进化的最高级阶段。在这个世界上，除了最高级的灵长目——人类以外，还有许许多多的动物与人类有着相似的"思想"和"情感"。

　　动物的进化过程比植物的进化过程还要复杂得多，它们不但要经受自然环境的考验，而且还要接受其他物种的挑战。最后，那些幸存下来的物种才有机会繁衍，沿着从低等到高等、从简单到复杂的趋势进化，而其间的争斗、撕咬、奔跑画面则定格在某一个时期，现在它们的子孙们以或强大，或聪颖，或机敏，或凶猛的姿态成为大自然不可或缺的一部分。

　　动物是大自然的一部分，如果没有了动物，大自然依旧可以存在；但是无法想象，地球上如果没有动物的存在，那将是多么安静可怕，就像史前地球。动物也是我们人类的朋友，离开了它们，我们也无法很好地生存。

目录
CONTENTS

part 1 哺乳动物篇

part 2　昆虫篇

part 3　海底生物篇

part 4　两栖动物和爬行动物篇

part 5 鸟类篇

哺乳动物篇

▌猩猩喜欢热闹吗？

我们很少看到成群的猩猩，原来猩猩是一种喜欢独行的动物，这种独立从断奶之后就开始了。长大后，雌性猩猩还能经常回去看看母亲，但雄性猩猩则会跟母亲完全脱离关系。据研究，处于幼年和青春期的猩猩还可以一起玩上几小时，甚至可以成对地在周围走动，但当几只成年猩猩相遇时，就算被同一棵果树吸引，也几乎不做任何交流，而吃完后各自离开。

▶ 喜欢独处的猩猩

▌老虎和狮子谁更厉害？

▶ 凶猛的白虎

我们常听到老虎是兽中之王的话，可对于生活在非洲的人来说，他们称狮子为兽中之王。原来，在自然界中，老虎生活在亚洲，狮子生活在非洲，两者天各一方，根本没有比试高低的机会。从它们的生活习性方面来分析，老虎喜欢独来独往，狮子是集群活动，如果双方发生冲突，一只老虎自然不能与一群狮子对抗。可人们提出这两个王者哪个厉害些时，当然是指一对一的对抗，那就可以预测，一只老虎和一只狮子单打独斗，老虎可能更强悍一些。因为老虎在灵敏性、耐力和体重上都要胜过狮子。

狮子为何被称为"兽中之王"?

▶西非狮

狮子是食肉动物，常以斑马、羚羊、长颈鹿等为食。它的力气很大，能独自拖走一二百千克重的猎物。它的犬齿和臼齿非常锋利，能一口咬断斑马的脖子。狮子喜欢从猎豹等动物"口中夺食"，以此显示自己的威风。此外，狮子身型硕大强健，加上它那如雷的吼声，给人一种称霸一方的感觉。所以，生活在非洲的人们把狮子称为"兽中之王"。

大象的长鼻子有什么用?

对于人类来说，大象的鼻子实在是太奇怪了，我们的鼻子只是用来呼吸，可大象的鼻子用途却有很多。它可以呼吸、闻味、采摘果实、搬运东西、吸水洗澡和吃东西。走路时，大象用长鼻子当拐杖在前面探路。象鼻子的力气可大了，能够把树推倒，然后吃树上的叶子。碰到危险时，大象就用长鼻子当武器，把敌人卷起来，再狠狠地甩出去。大象的鼻子就像我们人类的手，有时候在动物园里，大象还能用它的长鼻子给小朋友们吹口琴和打鼓，最神奇的是还能用鼻子抓住画笔画画！

▶灵活的象鼻在卷食食物

大熊猫为何被称为"国宝"？

为什么把大熊猫称为"活化石"呢？因为现在只有在中国四川等地的竹林里才能看到大熊猫的身影，它们已经成为中国和世界特有的珍稀动物。随着生存环境的恶化，加上其本身繁殖率很低，大熊猫的数量正在以可怕的速度减少。在动物世界里，应该很难找到像大熊猫这样憨态可掬、温顺可爱的动物了，所以人们亲切地称它为"国宝"。

▶ 可爱的大熊猫

树袋熊是一种熊吗？

树袋熊只是因为长得像熊，名字听起来也容易与熊类联系到一起，但是树袋熊却与熊没有任何血缘关系，它是袋鼠的近亲。而且，树袋熊是有袋类哺乳动物，熊则是有胎盘的哺乳动物。所以，树袋熊不是熊科动物，而且它们相差甚远。

▶ 三趾树袋熊

树袋熊是怎么哺育幼崽的?

小树袋熊刚出生的时候比人的小手指还小，像条小爬虫，但是它能凭感觉爬进妈妈的育儿袋，寻找奶头，吮吸乳汁。6个月后，慢慢长大的小幼仔会长出绒毛，并能趴在妈妈的背上玩耍。而且，如果小家伙淘气不听话，妈妈就会轻轻拍打它的屁股。母子俩会一起生活很久，直到小树袋熊4岁的时候，它才会离开妈妈独立生活。

▶怀抱宝宝的树袋熊

豹子身上的斑点有什么用?

豹子身上的斑点是一种天然伪装。在阳光下，豹子身上的斑点很容易与周围的环境浑然一体，形成一种天然防护罩，从而躲过猎人的眼睛。而在树林里，它们身上的斑点又能与树荫、树叶混为一体，使埋伏时不易被发现。不同种类的豹子身上的斑点不一样，而且世界上没有两只豹子身上的斑点是完全相同的。

▶豹的身上从小就布满斑点

松鼠的大尾巴有什么用?

　　松鼠能在大森林里自由跳跃、穿梭,除了因为它有一双强壮有力的四肢外,它的大尾巴也起了很大作用。当它的尾巴张开时,就像一个降落伞,可使松鼠安全落地;当尾巴翘起,又像小帆一样,可以帮助松鼠游水。晚上,松鼠睡觉时,毛茸茸的尾巴更像厚厚的棉被,为松鼠抵御寒冷。而在危机时刻,松鼠还能通过摇动尾巴,与同伴相互交流信息。

▶松鼠的尾巴很大

长颈鹿的脖子怎么那么长?

在很久以前,长颈鹿的脖子并不太长。后来,自然条件发生了变化,地球上的草越来越少,所以一些脖子较长的长颈鹿因为能吃到高大树木上的树叶而活下来,而脖子短的则因为吃不到食物饿死了。就这样,经过一代代淘汰,地球上脖子长的长颈鹿就生存下来了。后来,为了吃到更多的树叶,它们的脖子就长得很长,并把这个特点遗传了下来。

▶在优胜劣汰中,脖子长的长颈鹿生存了下来

"四不像"是一种什么动物?

麋鹿为什么叫"四不像"?原因很简单,它的角似鹿而非鹿,蹄似牛而非牛,身似驴而非驴,头似马而非马,所以人们叫它"四不像"。麋鹿是中国特产动物,和大熊猫一样珍贵。

▶麋鹿

▶芬兰奥兰卡国家公园中的驯鹿

雄驯鹿的角有什么用途?

驯鹿无论雌雄都长着一对美丽的角,相比之下,雄驯鹿的角分叉众多。雄驯鹿角上最低的角枝向前突出,生成一个附加的角枝,有的雄驯鹿角可超过30个分叉。这么大的角对雄驯鹿有什么用? 通常,在与同类的争斗中,角大而有力的鹿往往会占上风。所以,雄驯鹿长很大的角是为了"自卫"和"角斗"。

▶穿山甲

穿山甲是如何"保护"森林的？

穿山甲主要生活在林区，以白蚁为主食。一只成年穿山甲一天大约能吞食10万只白蚁，每年可以使7公顷以上的马尾松不受白蚁危害。经过许多科学家观察发现，在17公顷林地中，只要有一只成年穿山甲，森林就不会遭到白蚁的危害。由此可见，穿山甲为保护森林、维护生态平衡起到了十分巨大的作用，无愧于"森林卫士"的称号。

▶穿山甲鳞片特写

狼的眼睛为何能在夜间发光?

事实上，狼眼睛里的光并不是它自己放出来的。在狼眼睛的底部分布着很多特殊的晶点，这些晶点具有很强的反射光的能力。当狼在夜间活动的时候，晶点便把它周围非常微弱的、分散的光线聚合到一起，变成一束，然后再集中反射出去，看起来好像是狼的眼睛能放出光芒一样。

▶夜晚，狼眼放射着光芒

狼在夜晚嚎叫是为了什么?

狼经常在夜晚嚎叫，有时是一只狼长嚎，有时是整个狼群一起嚎叫。这是为什么呢？其实，狼在夜晚嚎叫，是通过这种方式呼唤伙伴、交换信息，如公狼唤母狼，母狼呼唤小狼。此外，也是为了把陌生的狼从自己的领地里赶走。所以，狼在夜里嚎叫，完全是出于实际的需要。

▶呼唤母亲的小狼

袋鼠肚子前的口袋有什么用?

袋鼠肚子前的口袋叫育儿袋。这个袋子雄袋鼠没有,只有雌袋鼠有,是专门给小袋鼠住的地方。小袋鼠刚出生时,只有一粒花生米大小。此时的小袋鼠没有毛,眼睛和耳朵都闭着,既看不见也听不见。但是,它会凭着前肢和灵敏的嗅觉,沿着妈妈的尾巴爬到有袋骨支持的育儿袋里,然后叼着袋里的乳头慢慢长大。

▶ 小袋鼠和袋鼠妈妈

"狐"和"狸"是同一种动物吗?

人们总是习惯把狐叫作狐狸,其实狐和狸是两种动物。狐长得像狗,长着浓密的毛和长尾,耳朵很尖。而狸的外貌很像狐,尾巴较短,嘴略圆,皮毛多为棕灰色,两颊横生着长长的毛。简单说, "狐狸"是民间对这一类动物的通称,其中包括了赤狐、北极狐、石狐和沙狐等多种动物。

▶狐狸

猴子为何喜欢给同伴"捉虱子"?

▶善于攀爬的松鼠猴

在动物园里,我们常常看到猴子之间相互"捉虱子",其实它们不是"捉虱子"。猴子出的汗水里含有盐分,当汗水挥发后,这些盐分就同皮肤和毛根上的污垢结合成盐粒。所以,看起来像是在"捉虱子"的猴子,其实是在吃盐粒。

狐狸怎么会那么难捉？

狐狸小巧灵活，行动速度快，而且十分懂得如何以最小的代价做最完美的事。它们不怕猎犬，能够利用结薄冰的河面，设计诱猎犬落水。如果看到河里有鸭子，狐狸会故意抛些草入水，当鸭子习以为常后，便在草的掩护下潜下水，找机会捕食。此外，狐狸的巢穴有许多入口，越里面越迂回曲折，这也充分显示了狐狸是一种智商很高的动物。

▶北极狐

猫的胡须有什么用？

猫的胡须根部布满神经，非常敏锐，不但能察觉轻微的动静，连气流、风向都能知道。而且对猫来说，胡须还是一把"活"尺子，可以帮助它判断自己所在的场所及位置，并能测量老鼠的洞口大小等。如果把猫胡子剃

▶猫

光，它就会变得呆傻，像盲人丢了拐棍一样，很难捉到老鼠了。

狗的鼻子为什么特别灵？

狗的鼻子特别灵，这主要是因为狗鼻子的构造比其他一些动物的鼻子构造复杂。狗的鼻尖里藏着一个叫"嗅黏膜"的器官，上面分布着上亿个嗅觉细胞，这使狗能辨别出上千种不同的味道。同时，这些黏膜还能分泌一种黏液，对嗅觉细胞起到滋润作用，使其一直保持灵敏度。当狗生病时，它的鼻子就会发干，这时嗅觉就不那么灵敏了。

▶狗的鼻子很灵敏

猪拱泥土是为了干什么？

家猪是由野猪驯化而来的。野猪喜欢吃植物长在地下的块茎，所以每次都得用它们那又长又坚硬的鼻子把泥土拱开。今天的家猪虽然不用自己找食物了，但却把这种拱地觅食的习性保留了下来，没事也爱拱泥土。猪鼻子是猪的嗅觉器官，能帮助它们寻找到需要的食物。

▶雄野猪有锋利的牙齿

豪猪身上的刺就是它的毛吗？

豪猪体形有一个最大的特点，那就是背上和尾部具有尖锐如针的刺。其实，这些刺全部是由毛进化而来的，是为了适应环境而改变的结果。豪猪的刺与一般的刺不同，它的刺末端带有倒钩，所以如果刺入敌人的身体，敌人越动刺得就会越深，严重时会被刺死。豪猪的刺是其进行自我保护的最佳武器。

▶豪猪的身上长满刺

马为什么会站着睡觉?

家养的马都是由野马驯化而来的,它站着睡觉是继承了野马的生活习性。野马是生活在草原上的食草动物,由于身材较大,又没有尖利的牙齿和脚爪,常受到食肉动物的威胁。所以,它们从不躺下睡觉,而是像白天那样昂着头站着睡。这样一旦有猛兽袭击,它们就能迅速做出反应,及时逃跑。马在累了休息时,只要低头闭眼就可以打一会"瞌睡"。

➤角马

斑马的斑纹有什么作用?

➤斑马

斑马生活在非洲的草原上,以草为食,但经常遭到狮子等肉食动物的追捕、残杀。幸运的是,斑马身上有黑白条纹,看上去好像穿了一件"迷彩服",使它很容易与周围的树叶影子混在一起,不易辨认。可以说,身上的斑纹是斑马的一种保护色,能帮助斑马躲避敌害。

老鼠啃木头为了吃吗？

一般来说，无论人和动物，牙齿长到一定长度就不会长了，但老鼠的牙齿却不一样。老鼠的牙齿没有牙根，如果不进行控制，就会无限生长下去，而当牙齿长到一定长度时，就会严重影响生存。所以，老鼠时常啃咬木头等比较硬的东西，目的就是把过长的牙齿磨短。

▶小白鼠

驴打滚的原因是什么？

驴经常在地上打滚，是因为驴身上有寄生虫。所以，当它休息时，就会在地上打打滚，这样就可以蹭掉身上皮毛里的寄生虫，抓一抓痒痒。再者，劳累一天后，在地上打打滚可舒筋活血解乏，是恢复体力的好办法。

▶叙利亚野驴

牛的嘴巴为什么一直嚼东西？

牛有四个胃，很难相信吧！牛吃草的时候，通常都不嚼碎就吞下去，食物首先到达第一个胃里，然后浸软后被转到第二个胃中加工成小团。之后，牛会把食物返回嘴里再次咀嚼，最后进入第三、第四个胃中充分消化。这种现象被称为反刍，是牛对自然环境的适应，有助于它们在野外快速进食，然后躲到安全的地方慢慢消化。

▶原牛是家牛的祖先

■ 牦牛为何被称为"高原之舟"？

牦牛是我国青藏高原的特产，是高原上的重要运输工具。在夏天，牦牛大多在海拔五六千米高的山顶荒凉地带活动，冬季则下到海拔二三千米以下的草地雪原寻找食物。由于它们性情温顺、勤劳肯干，能背负重物翻山越岭、爬坡攀岩，灵活得就像船儿在水中漂游一般，所以就有了"高原之舟"的美称。

▶ 牦牛

■ 兔子的耳朵怎么那么长？

▶ 野兔

兔子是弱小的动物，为了躲避凶猛的敌人，它必须有灵敏的听力。兔子经常会竖起耳朵，随时聆听来自四面八方的声音。久而久之，兔子的耳朵就变得特别长了。最重要的是，兔子的听力十分灵敏，一般当声音从远处传来时，兔子的大耳朵会把声波收集起来，传给耳孔里的鼓膜，因此它总能在敌人捉它之前跑掉。

▍北极熊有哪些保暖措施？

北极熊不怕寒冷，是因为它们有多重保暖措施：①皮下有厚厚的脂肪层。②身上的白毛是中空的，能够吸收太阳的热量，而且白毛下的皮肤是黑色的，可最大限度利用太阳热量。③毛很长，且被一层油脂覆盖着，既保暖，又防水。④脚掌上长有厚毛，既防滑又隔凉。⑤北极熊很挑食，尤其是冬天，常以猎物的脂肪为食。⑥当北极进入极夜时，北极熊便开始冬眠。

▶北极熊

▍骆驼为何被称为"沙漠之舟"？

骆驼是沙漠里的重要交通工具。在沙漠里，骆驼虽然走得慢，但可以驮很多东西，而且它能知道地下水源的位置。遇到沙尘暴天气，它不仅能分辨方向，不会迷路，还能在大风袭来时，跪在地上保护主人。骆驼体格大，皮毛厚实，即便在寒冷的冬天也不用休息。它为人们运送货物，被人们看作是渡过沙漠之海的航船，故给了它"沙漠之舟"的美誉。

▶撒哈拉沙漠中的骆驼商队

河马的五官都长在哪里？

河马有厚厚的皮下脂肪，耳朵和眼睛能自动关闭，所以它可以毫不费力地浮在水面上及潜入水中。而且，如果河马不泡在水中，时间一长，它的皮肤就会干裂。所以，河马经常白天泡在水里，晚上天气凉快了，才上岸睡觉或者找食物

▶ 正在水里嬉戏的河马

吃。河马虽属于陆地动物，但白天却喜欢泡在水里，所以眼睛、鼻子和耳朵几乎都长在头顶上。这样在水里时，它只要稍稍露出脑袋，感觉器官就可以露出水面，不但可以隐藏自己，还能观察周围的动静。

河狸如何成为"野生世界的建筑师"？

河狸生活在河边，是一种穴居动物。它们的家庭观念极重，常花费大量时间用来精心设计和建造自己的家。除了人类，它们是以自己的建筑对环境产生影响的唯一的动物。但是，与人类居住环境不同，河狸所创造的是一个可持续发展、潜力更大的世界。在建筑巢穴时，它们会筑起小水坝，并在水坝四周围起静水区。除了休息，巢穴也是河狸觅食的场所。

▶ 河狸正在吃松子

▶ 河狸的住所

海狮和海豹有什么区别?

海狮和海豹十分相似,但是想要区别它们也很容易。其中,最简单的方法就是看是否有外部听觉器官。海狮有耳瓣,海豹仅仅只有内部听觉器官,它唯一的标记是外部有一个不显眼的小口子。此外,海狮通过拍打长长的胸鳍来游泳,而海豹则通过摆动

▶如今,只有在夏威夷才能看到僧海豹的身影

其后肢来推动身体前进,就像鱼一样。在陆地上,海狮的后肢能够用来行走,海豹只能用前肢拖着身体移动,仿佛是一只巨大的毛毛虫。

海象的长牙有什么用?

▶海象

海象,即海中的大象,但是它不能像大象那样步行于陆上,而是靠后鳍与长牙的共同作用才能在冰上匍匐前进。海象无论雌雄都长着长牙,这是因为除了协助行走,海象的长牙还能作为武器防御敌人,保护幼象,能作为挖掘海底食物、凿开冰面的工具等。可以说,海象的牙是一种"特殊工具",是海象生存必不可少的"帮手"。

■ 传说中的"美人鱼"真的存在吗?

▶在水中漫游的海牛

传说中的美人鱼就是海牛,它与人有许多相似之处。它有力气,能够站立在海洋中;它的乳头位于前肢根部的地方,当哺乳时,与人类哺乳孩子十分像。再者,海牛有两个外鼻孔,而且具备了关节,能灵活地运动前肢。所以,当海牛从波涛汹涌的大海中探出半身时,那优美的姿态就像是人在游泳。由此,便有了"美人鱼"的称号。

■ 须鲸有没有牙齿?

须鲸的鲸须其实就是变异的牙齿。须鲸的主要食物是磷虾,不需要咀嚼。在吃东西时,它们会先喝一大口含有小鱼、小虾的海水,然后闭上嘴巴,将海水排出去,而那些小鱼虾则被这鲸须板挡住,进入它们的肚子里。在这个过程中,鲸须的主要功能是从海水中过滤出磷虾,对于须鲸来说,这相当于是起到了牙齿的作用。

▶在海中翻腾的鲸

鸭嘴兽是一种什么样的动物？

▶ 鸭嘴兽

我们知道，哺乳动物的显著特点就是胎生哺乳和体表有毛发。但是，你听说过卵生的哺乳动物吗？鸭嘴兽就是卵生。刚孵出的小兽体表上有毛，吃母乳长大。根据这两个特点，鸭嘴兽被归入哺乳动物的行列。至于它为什么能生蛋，则认为是它在向哺乳动物进化过程中，保留了它的祖先——爬行动物的某些特点。

海豚真的会救人吗？

海豚之间常互相帮助，如果发现同伴在水下受到窒息和死亡的威胁时，必然会赶去营救，并把受难者托出水面，使它打开喷水孔，完成呼吸动作。它们的这种行为不仅对于同类，对于人甚至无生命的物体，也会产生同样的推逐反应。所以，海豚救人是由泅水反射引起的一种本能。

▶ 海豚同类之间的关系非常好

part 2

昆虫篇

昆虫的身体分为几部分？

昆虫最明显的特征就是身体分为头、胸、腹三个部分，所有昆虫通常都有两对翅和六条足，翅和足都位于胸部，身体由一系列体节构成，它们进一步集合成3个体段，也就是头、胸、腹。昆虫的头部一般都有1对触角，骨骼包在体外部。和其他生物不同的是，昆虫一生形态多变化，它们可以说是地球上一幅丰富多彩的生命奇景。

▶蝗虫是昆虫的一种

昆虫靠什么运动？

▶锹甲虫

昆虫的运动方式多种多样，有的昆虫会游泳，有的昆虫会跳跃，大多数昆虫的成虫都会飞。足帮助昆虫行走、跳跃或游泳，翅膀则帮助昆虫飞行。它们是昆虫运动必需的身体构造。那么大家知道昆虫的足和翅膀是什么样子的吗？①伪足。一般昆虫的胸部生有3对足，有些昆虫则要多长出一些足来，如：毛毛虫主要以蠕动的方式移动，它的胸腔上就多长出5对腹足，这种腹足被称为伪足，可以帮助毛毛虫将身体固定在某个位置。②足的类型。昆虫的种类、生活习性不同，因此它们的足的类型也不同：如瓢虫、天牛的步行足，蝗虫、蟋蟀的跳跃足，螳螂、猎蝽的捕捉足，蜜蜂的携粉足，龙虱、仰游蝽的游泳足等。③翅膀。一般昆虫只有一对翅膀，如甲虫、蟋蟀的翅。甲虫类的前翅骨化程度较高，看不到翅脉，形成了鞘翅；蟋蟀等昆虫的前翅骨化程度较低，革质而半透明，称为直翅。

苍蝇搓脚是怎么回事？

苍蝇搓脚是一种保洁行为。由于苍蝇常在脏乱的环境中起落，脚上难免会沾着许多如食物残渣类的东西，这些东西越积越多，不但会影响苍蝇的飞行、爬行，还会使它脚上的味觉器官失灵。所以，苍蝇经常搓脚，目的就是搓掉脚上的东西，使脚清洁，保持它飞行、爬行的速度及味觉的灵敏性。

蝗虫为何喜欢成群结队？

成群结队是蝗虫们的生活习惯。由于蝗虫对产卵地的要求比较高，对土质、阳光和温度的要求十分苛刻。所以，通常在一个条件较适合的地方会集中着大批的蝗虫卵，幼虫孵化出来时就是聚集在一起的。另外，蝗虫需要保持较高的体温，它们只有彼此离得近一些，才能少散失一些热量，并可以相互补充热量，不致因周围环境温度的下降而丧失身体的活力。

▶ 蝗虫

■ "油葫芦"的名字是怎么来的？

"油葫芦"是一种昆虫，蟋蟀的一种。又名结缕黄、油壶娄。由于其全身油光锃亮，就像刚从油瓶中捞出似的，又因其鸣声好像油从葫芦里倾注出来的声音，还有，它的成虫爱吃各种油脂植物，如花生、大豆、芝麻等，所以得"油葫芦"之名。

▶ "油葫芦"

■ 世界上益虫多，还是害虫多？

▶ 螳螂是田间和林区内害虫的克星，其捕食时所用时间仅有0.01秒。图为兰花螳螂

比起别的动物来，昆虫是微小的，但是其对于人类的影响却一点儿也不小。人类赖以生存的土地上生长着茂密的庄稼、树木和花草，而昆虫中的益虫和害虫就围绕着这些植物激烈地对抗着。害虫以农作物为食，益虫便以害虫为食，从而保护植物的生长，维持着自然界的生态平衡。如果在自然界害虫比益虫多的话，那么它们对植物的伤害就会难以控制，自然界的生态平衡就会遭到破坏。所以，千百年来，世界上的益虫比害虫要多。

甲虫对植物有什么帮助?

甲虫是昆虫中最古老的类型,它繁盛于上侏罗纪或下白垩纪。那时高等植物尚未出现,膜翅目和鳞翅目昆虫亦未出现,甲虫是地质史上最早的传粉昆虫。

甲虫原始型的口器,适宜给一些花大而平展(蝶形或碗状的花)、较原始类型的植物传粉,它们具有较强的气味吸引着甲虫。例如:番荔枝科的花所释放的果香味,夏蜡梅属花溢放的发酵味,壳斗科一些植物释放的氨基酸味。靠甲虫传粉的植物有木兰属、亚马孙王莲和若干分布于热带亚热带的壳斗科树种。趋臭、趋腐性甲虫还为花能溢放腐臭味的植物传粉,如巨型魔芋。

甲虫主要采食花粉,少数亦食花蜜。热带植物油棕利用甲虫传粉,能显著增产。

▶甲虫与植物有着千丝万缕的联系

雌螳螂会吃掉雄螳螂吗?

▶生存于伊朗的螳螂

雌螳螂在交配之后要吃掉雄螳螂,这看起来是很残忍的一件事,但实际上却另有原因。雌螳螂交配之后,急需补充大量营养,以满足它腹中卵粒的成型,以及制作将来产卵时用来包缠卵粒的大量胶状物质。因此可以说,雄螳螂是用自己的生命换取子女的生命。

蟑螂为什么总灭不完？

蟑螂是这个星球上最古老的昆虫之一，曾与恐龙生活于同一时代，它的进化发展远比人类久远。蟑螂能适应各种生活环境，有些种类的蟑螂非常适应人类住宅，它们几乎是什么东西都吃，包括厨房的残羹剩饭和丢弃物等。另外，蟑螂有着惊人的快速繁殖能力，这些都是它们能够存活至今乃至灭不掉的原因。

▶蟑螂

▶屎壳郎，学名蜣螂

屎壳郎滚粪球是怎么回事？

屎壳郎滚粪球可不是在闹着玩的，它们是在为后代贮备养料。每到夏、秋季节，屎壳郎就开始滚粪球，滚到相对安全的地方后，就把粪球安置到土中。随后，雌性屎壳郎就在粪球上产卵，然后再把粪球周围的土压紧。这样，卵在孵化出幼虫后，就以现成的粪球作为食物。

蝉撒尿是为了排泄吗?

蝉靠吸食树的汁液为生,当它吸入大量树的汁液后,身体会变得特别笨重,影响飞行。所以,当它们怕被人捉住时,就不得不排泄出许多液体,让身体变轻而飞走。这就是蝉会撒尿喷人的秘密。此外,雌蝉没有发声器,所以我们听到的蝉叫,都是雄蝉发出来的。

▶蝉

蟋蟀怎么总是叫个不停?

蟋蟀的发声结构很简单,是靠翅膀的摩擦来发音。在雄蟋蟀的前翅上,有旋涡纹状的翅膜。一边翅膀长着锉刀状的翅膜——弦器,另一边翅膀长着较硬的翅膜——弹器。当这两种发音器相互摩擦,就能发出声音。所以,蟋蟀能一天到晚鸣叫不停。

▶蟋蟀常常在夏天放声高歌

▌蝼蛄是一种怎样的害虫？

▶ 蝼蛄

蝼蛄为多食性害虫，喜食各种蔬菜，对蔬菜苗床和移栽后的菜苗为害尤为严重。蝼蛄成虫和若虫在土中咬食刚播下的种子和幼芽，或将幼苗根、茎部咬断，使幼苗枯死，受害的根部呈乱麻状。蝼蛄在地下活动，将表土穿成许多隧道，使幼苗根部透风和土壤分离，造成幼苗因失水枯死，缺苗断垄，严重的甚至毁种，使蔬菜大幅度减产。

▌蜜蜂的蜂巢为什么是六边形？

动物世界

32

蜂巢若呈圆形或八角形，会出现空隙，如果是三角形或四角形，则面积会减小，所以在这些形状中六角形是效率最好的。这种六角形所排列而成的结构叫作蜂窝结构。因这种结构非常坚固，故被应用于飞机的机翼，以及人造卫星的机壁。

▶ 忙碌的工蜂

蜂巢内外面的巢穴刚好一半相互错开，相互组合六角形的边交叉的点是内侧六角形的中心。这是为了提高强度，防止巢房底破裂。另外，从剖面图可知，两面的巢房方向都是朝上的,工蜂在巢房中哺育幼虫，贮藏蜂蜜和花粉，蜂巢形成9°～14°的角度，以防止蜂蜜流出。

蜜蜂的蜂巢结构堪称完美，可以说是自然界的鬼斧神工。

蜜蜂蜇人后会死掉吗？

人如果驱赶、扑打蜜蜂，蜜蜂出于自卫的本能就要蜇人。然而，工蜂尾部的蜇针很特别，是由一根背刺针和两根腹刺针组成的，其末端同体内的大、小素腺及内脏器官相连，刺针尖端带有倒钩。当蜜蜂蜇刺敌人时，蜇针扎在皮肤内被紧紧钩住，不仅拔不出来，自己的内脏也会被拉出体外，所以蜜蜂蜇人后一定会死掉的。如果不想被蜜蜂蜇到，可以穿黑色衣服。因为蜜蜂不喜欢黑色的东西。

▶蜜蜂的针与内脏相连

▶两只蚂蚁在相互交流

蚂蚁为何会自动排队？

蚂蚁在行进的过程中，会分泌一种信息素，这种信息素是只有同类才能闻到的气味，走在后面的蚂蚁，常常就是凭着这种味道跟上前面的蚂蚁的。在我们看来，好像蚂蚁会自动排成队一样。蚂蚁排队可以使它们不迷路，也可以使它们不会走散。如果我们用手划过蚂蚁的行进队伍，干扰了蚂蚁的信息素，蚂蚁就会失去方向感，到处乱爬。

蜻蜓和豆娘有什么不同？

1.眼睛的距离:蜻蜓的复眼大部分是彼此相连或只分开一点儿；豆娘的两眼有相当大的距离，形状如同哑铃一般。

2.翅膀的形状:属差翅亚目的蜻蜓，其前后翅形状大小不同，差异甚大；属均翅（束翅）亚目的豆娘，其前后翅形状大小近似，差异甚小。

3.腹部的形状:蜻蜓的腹部形状较为扁平，也较粗；豆娘的腹部形状较为细瘦，呈圆棍棒状。

4.停栖方式:蜻蜓在停栖时，会将翅膀平展在身体的两侧；一般豆娘在停栖时，会将翅膀合起来直立于背上。

▶豆娘

蜻蜓为何被称为"飞行家"？

在昆虫界中，蜻蜓的飞行能力首屈一指。它的头部纤细，腹部细长，两对翅膀又薄又透明，整个形态轻盈灵巧，十分适合飞行。在飞行时，蜻蜓的两对宽大的翅膀保持平行伸展，前翅拍打翻腾空气，在空气中产生快速旋转的小漩涡，而后翅则从这种涡流的自旋中获得能量，形成较大的升力，有助于飞翔。此外，蜻蜓还能在空中表演特技，如盘旋、急飞、滑翔等，动作干脆利落。

▶ 蜻蜓

纺织娘是一种什么昆虫?

纺织娘是纺织娘科纺织娘属的一种中型螽斯，是重要的鸣虫之一。它体型较大，体长50～70毫米，体色多样；植食性，喜食南瓜、丝瓜的花瓣，由于它也吃桑叶、柿树叶、核桃树叶、杨树叶等，所以有一定的危害性，因而它属于害虫之列。

▶纺织娘

纺织娘体色有绿色和褐色两种，其体型很像一个侧扁的豆荚。头较小，前胸背侧片基部多为黑色，前翅发达，其宽度超过底部，翅长一般为腹部长度的2倍，常有纵列黑色圆斑。雌虫产卵器弧形上弯，呈马刀状。雄虫的翅脉近于网状，有2片透明的发声器，其触须细长如丝状，黄褐色，可长达80毫米，后腿长而大，健壮有力，其弹力很强，可将身体弹起，向远处跳跃。

蝴蝶的翅膀会不会被雨水打湿?

因为蝴蝶的翅膀上布满着鳞片，所以蝴蝶总是翩翩起舞，非常美丽。不仅如此，这些鳞片中还含有大量的脂肪，可以保护蝴蝶的翅膀不被雨水打湿，就像一件雨衣一样。万一蝴蝶的翅膀被雨水淋透，

▶蝴蝶与花

由于翅膀变重，拍打的频率减小，蝴蝶可能就飞不起来了。

枯叶蝶靠什么保护自己?

有一种名叫枯叶蝶的蝴蝶，它的翅膀背面颜色很鲜艳，在空中拍打、飞行时非常漂亮。最令人称奇的是，翅膀腹面的花纹可以模仿所栖息树木上树叶的叶脉结构和花纹，颜色也与枯叶十分相似，翅膀边缘也像枯叶一样呈锯齿状。在生物学上，这被称作"拟态"，是动物保护自身的一种方式，也是它们适应环境的普遍现象。

▶枯叶蝶酷似枯叶的样子，可以很好地骗过天敌

龙虱是什么样的?

▶贪吃的龙虱

龙虱，俗称和味龙、水龟子，形似蟑螂。生活于田野、水沟、小溪等水体中，属水生昆虫。为甲虫的一种，隶属于鞘翅目之下的肉食亚目。

龙虱成虫呈长卵流线型，扁平，光滑，背面拱起，后足扁平，被长毛。触角为丝状，共11节，下颚的触须较短。常见个体大小为10～20毫米，部分物种身长可达35毫米以上。

龙虱的成虫和幼虫均以肉食性为主，喜食水中昆虫、孑孓、小鱼、蝌蚪等，部分亦属植食性和腐食性。成虫具有很强的趋光性。当它们见到灯光时便飞向高空，趋向光源。

甲虫有什么形态特征?

甲虫为鞘翅目昆虫的统称。甲虫的形态特征如下:体小型至大型,体壁坚硬,前翅质地坚硬,角质化,形成鞘翅,静止时在背中央相遇成一直线,后翅膜质,通常纵横叠于鞘翅下。成、幼虫均为咀嚼式口器。幼虫多为寡足型,胸足通常发达,腹足退化。蛹为离蛹。卵多为圆形或圆球形。

▶金色土鳖(属甲虫的一种)

你见过独角仙吗?

▶独角仙

独角仙为一种昆虫,学名称双叉犀金龟,又称兜虫,其幼虫又有鸡母虫之称,在中国一些地方较为常见,数量多可能危害森林。在用途上,独角仙可作观赏,是常见的宠物,又有很高的药用价值。

独角仙体大而威武。不包括头上的犄角,其体长可达35~60毫米,体宽18~38毫米,呈长椭圆形,脊面十分隆拱。体栗褐到深棕褐色,头部较小;触角有10节,其中鳃片部由3节组成。

雌雄异型:雄虫头顶生一末端双分叉的角突,前胸背板中央生一末端分叉的角突,背面比较滑亮。雌虫体型略小,头胸上均无角突,但头面中央隆起,横列小突三个,前胸背板前部中央有一丁字形凹沟,背面较为粗暗。三对长足强大有力,末端均有利爪一对,是爬攀的有力工具。

水黾是一种什么样的昆虫？

水黾是一种在湖水、池塘、水田和湿地中常见的小型水生昆虫。水黾科昆虫成虫长8～10毫米，黑褐色，头部为三角形，稍长。体小型至大

▶水面上成群的水黾

型，长形或椭圆形。触角丝状，4节，突出于头的前方。前胸延长，背面多为暗色而无光泽，无鲜明的花斑，前翅革质，无膜质部。身体腹面覆有一层极为细密的银白色短毛，外观呈银白色丝绒状，具有拒水作用。其躯干与宽黾蝽科类似。它们的躯干非常瘦长，躯干上被极细的毛，这些毛厌水。腹部具明显的侧接缘。

谁是蛾类中的巨无霸？

乌桕大蚕蛾是鳞翅目大（天）蚕蛾科的一种大型蛾类，也是世界最大的蛾类，翅展可达180～210毫米。雄蛾的触角呈羽状，而雌蛾的翅膀形状较为宽圆，腹部较肥胖。其翅面呈红褐色，前后翅的中央各有一个三角形无鳞粉的透明区域，周围有黑色带纹环绕，前翅先端整个区域向外明显地突伸，像是蛇头，呈鲜艳的黄色，上缘有一枚黑色圆斑，宛如蛇眼，有恫吓天敌的作

▶蛾霸

用，因此又叫作蛇头蛾。这种蛾类十分珍贵，数量稀少，属于受保护的种类。

蚊子叮人是为了什么？

实际上，只有母蚊子才叮人。蚊子叮人是为了寻找异亮氨酸。异亮氨酸是人体8种必需氨基酸之一，氨基酸是蛋白质的基本单位，母蚊子需要蛋白质来产卵。蚊子能在不到1分钟内找到血管，然后开始吸血，能吸食相当于自己体重4倍的血液，等母蚊子喝饱后，它的身体看起来就像一个小小的红灯泡。

▶蚊子会传播疾病

萤火虫是如何发光的？

萤火虫腹部末端有个发光器，包括发光层和反射层。发光层呈黄白色，是一种叫荧光素的蛋白质发光物质。当萤火虫呼吸时，这种荧光素和吸进的氧气氧化合成荧光素酶，它们的尾部就会发光了。我们常常看见萤火虫一闪一闪地发光，是因为它能控制对发光细胞的氧气供应。

▶发光的萤火虫

七星瓢虫的秘密武器是什么?

七星瓢虫有较强的自卫能力，虽然身体只有黄豆那么大，但许多强敌都对它无可奈何。它三对细脚的关节上有一种"化学武器"，当遇到敌害侵袭时，它的脚关节能分泌出一种极难闻的黄色液体，使敌人仓皇退却、逃走。它还有一套装死的本领，当遇到强敌和危险时，它就立即从树上落到地下，把三对细脚收缩在肚子底下，躺下装死，瞒过敌人而求生。

▶七星瓢虫

瓢虫之间有一种奇妙的习性：益虫和害虫之间界限分明，互不干扰，互不通婚，各自保持着传统习惯，因而不论传下多少代，不会产生"混血儿"，也不会改变各自的传统习性。

▶一只正在吃食的瓢虫

part 3

海底生物篇

鱼类家族有多少成员？

　　鱼类这个庞大的家族现在共有3万个成员。它们是地球上最古老的居民，在恐龙没有出现的时候它们就已经在大海里生息繁衍了。鱼类大体分为三类：一类是硬骨鱼类，今天绝大多数鱼都属于这一类，如鲤鱼和鲫鱼等；第二类是软骨鱼类，这类鱼没有硬骨骼，软骨骼是由牢固而富有伸缩性的物质组成，而坚韧的角质皮层代替了鱼鳞，如鲨鱼和鳐鱼等；第三类是肺鱼类，这种鱼有肺也有鳃，如攀木鱼等。鱼类长期生活在水中，它们不断进化着，并逐渐形成各式各样的体型：有的成为平扁形，有的成为侧扁形，有的成为纺锤形，有的成为圆筒形，还有的成为其他特殊体型等。这是对特定环境的一种适应表现。

▶各式各样的鱼类

鱼也会睡觉吗？

鱼需要睡觉。事实上，所有的脊椎动物都需要休息，以便恢复中枢神经系统与肢体的疲劳，鱼类作为脊椎动物的一员自然也不会例外。那么，鱼为什么睁着眼睛睡觉？这是因为鱼没有眼睑，所以它只能一直睁着眼睛，睡觉时也一样。

▶ 水虎鱼

深海鱼是如何发光的？

▶ 深海里的发光鱼

一般能发光的鱼类多生活在深海中，浅海里比较少。这是因为它们身上长着许多发光器，这些发光器构造巧妙，有的会折射光线，有的会分泌出发光物质。不过，鱼类发出的这种光是没有热量的，是冷光，也叫动物光。它们发光的目的也各不相同，大多数是为了照明，以便在漆黑的海水深处寻觅食物。

鱼的体温是如何变化的?

鱼是变温动物,它的体温会随着外界环境的变化而改变。夏天时,鱼的体温会随着气温的升高而升高;到了冬天,鱼的体温则会随着气温的降低而降低。所以,鱼不会感到寒冷,也不怕冻。不过,鱼终归是种低级生物,当气温或水温降到一定温度以下时,它还是会被冻死。

▶深海里奇特的鱼

鱼的长胡须有什么作用?

有些鱼是长"胡须"的,因为鱼须是鱼类重要的触觉器官。一般来说,多数视力不太好的底层鱼类都长胡须,它们在水底就是依靠触须寻找并选择食物。例如鲟鱼,它在摄食时,先用吻部掘泥,这样水会变得浑浊起来,然后它就依靠胡须的触觉来觅食了。还有一种神奇的深海鱼类,它的胡须顶端还可以发光,不仅能起到触角的作用,还能照明。

鱼如何自由漂浮和下沉?

鱼为什么能在水里浮沉随意?原来,鱼的肚子里有一个白色的气囊,叫鳔,可以通过肌肉的收缩变小或涨大。当鱼要浮起来时,肌肉放松,鳔内充满了气体,鱼就能浮起来;当鱼要下沉时,肌肉收缩,鳔内气体减少,鱼受的浮力随之减小,就下沉了。此外,鳔还有感觉作用、发声作用和呼吸作用。

鱼的年龄是怎么算出来的?

鱼类在四季的生长中很不均衡:夏天长得特别快,秋天长得慢,冬天基本停止生长。所以,鱼鳞的生长年轮一般可代表鱼的生长年轮。如果我们用放大镜仔细观看,会发现鳞片上面有轮环,轮环有窄也有宽,窄宽环分多少组,鱼的年龄就是多少年。

▶龙鱼

小鱼为何要成群游动？

每种动物都有自己求生的办法。海里的小鱼由于弱小，并且没有抵抗敌人的武器，如果零星活动，随时都会被吃掉，但是成群结队地游在一起，即便遇上敌人袭击，也增加了逃脱的可能性。所以，小鱼总是喜欢成群地游在一起。

▶成群的小鱼

热带鱼的颜色怎么那么鲜艳？

鱼类都有独特的颜色，热带鱼也不例外。热带鱼颜色光彩夺目，这样，它们在海中捕食和逃避敌害时，就不容易被发现了。所以，热带鱼颜色鲜艳也是为适应生活环境的必然选择。

▶红色的鳟鱼

鱼能在漆黑的深水里找到食物吗?

在没有光的深水里,鱼是怎样找到食物的? 鱼有内耳,它的内耳不仅能清晰地分辨出在水中传递的不同频率的声波,并且能通过大脑及时地识别出声源的方向、距离和发声的出处。比如1米长的鲨鱼,其鼻腔中密布嗅觉神经末梢的面积可达4842平方厘米;而5～7米长的噬人鲨,其灵敏的嗅觉可嗅到数千米外的受伤的人和海洋动物的血腥味。

飞鱼真的会"飞"吗?

飞鱼是不会飞的。当我们看到飞鱼拍打着翼状鳍冲出水面,其实它们只是在滑翔。通常飞鱼会在水下进行加速游向水面时,鳍紧贴着流线型身体,冲破水面瞬间则张开大鳍,尾部快速拍打水获得推力腾空滑翔。飞鱼还会做连续滑翔,每次落回水中时,尾部又把身体推起来。

▶飞鱼

▶鲤鱼

谁是鲨鱼中的"巨人"？

鲨鱼界的巨人非鲸鲨莫属，它又名豆腐鲨、大憨鲨，是世界上最大型的鲨鱼，也是目前世界上体型最大的鱼类。截至目前，生物学家实际记录到的最大尺寸的鲸鲨为身长12.65米，体重21.5吨。虽然

▶ 鲨鱼的牙齿像匕首一样锋利

鲸鲨具有非常宽大的嘴巴，但是它们其实是一种滤食动物，主要以小型动物为食。鲸鲨生活在热带和温带海域中，寿命可达70～100年。

鲨鱼为什么不吃向导鱼？

鲨鱼几乎没有朋友，但却跟向导鱼关系很好。向导鱼身长仅30厘米左右，青背白肚，两侧有黑色的纵带。鲨鱼从不伤害自己的这群小伙伴，还把吃剩的食物赏赐给它们。经观察发现，向导鱼竟然是鲨鱼的"清洁工"，它经常游到鲨鱼嘴里帮助鲨鱼清洁牙缝中的残屑，向导鱼有了这种价值，当然不用担心被吃掉了。

▶ 鲨鱼和向导鱼

鲨鱼没有鳔，为何不会下沉？

大家都知道，鱼类都是靠鳔来维持比重以便在水中进行沉浮的。但鲨鱼没有鳔，它为什么不会沉入水底呢？鲨鱼没有其他硬骨鱼那种能使水流过鳃的嘴和鳃盖的结构，只能通过游泳来保证有足够的海水从口中流过，并经过鳃，交换其中的氧气。所以，鲨鱼得一直不停地游动。我们也可以说，胃就是鲨鱼的鳔。

▶护士鲨与石斑鱼

鲨鱼为何被称为"水中狼"？

鲨鱼是海洋中的庞然大物，一般生活在海洋底层，它们的体长相当于一辆公共汽车的长度，而其撕咬力相当于人类的300倍，可以轻而易举地将猎物咬成两半。鲨鱼是凶猛的食肉动物，常以小虾、小鱼等海底动物为食。在捕食时，它们用自己独特的嗅觉，就能探测到食物存在的方向和位置，而狼必须用眼睛和鼻子寻找食物。所以说，鲨鱼是名副其实的"水中狼"。

▶鲨鱼是海中的霸王

水母的身体为何是透明的？

水母身体的98%都是水分，所以它的身体会呈现透明状。水母看起来美丽温顺，实际却十分凶猛，一旦遇到猎物，从不轻易放过。不过，水母也有天敌，那就是棱皮龟。棱皮龟可以在水母的群体中自由穿梭，轻而易举地用嘴扯断水母的触手，使其失去抵抗能力，束手就擒。

▶ 透明的水母

水母发光的原因是什么？

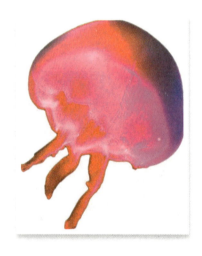

水母构造简单，它没有肌肉和骨骼，身体基本都是水。那么，它的光是怎么发出来的呢？原来，水母含有一种叫埃奎林的神奇蛋白质，这种蛋白质遇到钙离子就能发出较强的蓝色光来。据科学家研究，每只水母大约含有50微克的发光蛋白质，这就是水母能发光的原因。

▶ 发光的水母

蛤、蚌里为何能产出珍珠？

我们看到的漂亮的珍珠，其实有一个特别有趣的来历。当外界的小颗粒异物偶然进入贝类壳中时，蛤、蚌就感到不舒服。为了排除这种异物刺激引起的不适，它们就本能地分泌出一些珍珠质把这外来的小颗粒一层一层地包裹起来。这样日子长了，一颗颗晶莹可爱的珍珠就诞生了。

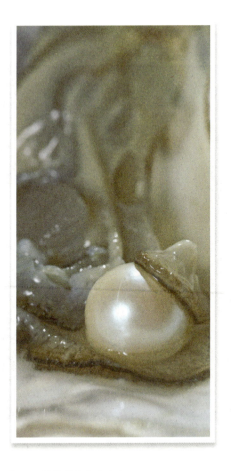

▶蛤、蚌孕育出来的珍珠

海蜇如何蜇人的？

如果不小心被海蜇蜇上一口，你会难受好一阵子，这源于海蜇的触手。海蜇的触手上有许多刺细胞，刺细胞里还有一个刺丝囊，里面有一盘丝状的小管子，这就是刺丝。一旦遇到敌害，刺丝囊中的刺针就发射出来，并放出腐蚀性的毒液，直刺敌人体内。这时，敌人就好像被打了麻醉针一样，渐渐失去知觉，直至死亡。

▶海中蜇人的海蜇

章鱼为何被称为"海洋变色龙"?

章鱼是海洋动物中的魔术大师,有"海洋变色龙"之称。在章鱼的皮肤下面,隐藏着许多色素细胞,里面装有不同颜色的液体,在每个色素细胞里还有几个扩张器,可以使色素细胞扩大或缩小。当章鱼处于恐慌、激动、兴奋等情绪变化中时,它体表的颜色就如同施展幻术那样不断地变换,尽量保持与周围环境的一致,使自己处于隐蔽状态中。

▶正在吞食的章鱼

乌贼喷"墨汁"是为了什么?

由于乌贼的腹内有墨囊,所以当它捕食或者遇到危险时,就会喷出墨汁将附近的海水染黑,以迷惑对手,使对方望"墨"兴叹,这时乌贼就可以趁机捕获猎物或逃跑。这也是乌贼被称为墨鱼的由来。乌贼体内的墨汁主要成分是水,之所以为黑色,是因为其中含有肉眼看不见的黑色颗粒。

▶乌贼

贝壳身上的花纹由什么决定？

贝壳身上的花纹，是由它们居住的地点和母体携带的遗传因子决定的。所以，我们在海滨的沙滩上捡到的贝壳往往色泽光亮，而在湖边泥沼地里捡到的贝壳大多颜色黯淡。

▶ 美丽的贝壳

小海马是海马妈妈生的吗？

海马的繁殖方法很特别。在繁殖季节来临时，雄海马体侧的腹壁会向体中央线上发生皱褶，慢慢地合成一个宽大的"育儿袋"，然后雌海马就将卵产在雄海马的"育儿袋"内。此后，上百粒受精卵就在"育儿袋"里进行胚胎发育。这个"育儿袋"可以给胚胎提供营养和安全保护，等到幼海马发育完成，雄海马就开始"分娩"了。所以，小海马是海马爸爸生的。

▶ 海马虽小，却是隐蔽高手

旗鱼怎么游得那么快？

旗鱼是海洋中游得最快的鱼。它的身体钝圆粗壮，呈纺锤形，就像水中导弹一样，而流线型的身体则有利于它的快速游动。另外，当旗鱼快速游动时，它将大旗状背鳍收叠藏于背部凹陷处的沟里，可以减少阻力。

▶ 鳍对于鱼类而言，就像手脚对于人类一样

蝴蝶鱼是如何变色的？

▶ 华丽的蝴蝶鱼

蝴蝶鱼生活在五光十色的珊瑚礁礁盘中，它艳丽的体色可以随着周围环境的改变出现变化。这是因为，蝴蝶鱼的体表有大量色素细胞，在神经系统的控制下，可以展开或收缩，从而使体表呈现不同的色彩。通常来说，一条蝴蝶鱼改变一次体色需要几分钟，而有的蝴蝶鱼仅需几秒钟。

电鳗为何能够放电？

人和动物、植物都会产生电流，这种生物体内的电流被科学家称为"生物电"。不过，大多数生物电都很微弱，除非是那

▶电鳗

些热带海边水生中的鱼类，比如电鳗。电鳗身体内的众多肌肉组薄片就像一个个小"电池"连通神经直达骨髓，可以发出300～500伏特的电压，最高能达到886伏特，足可以把其他鱼电死。

没有鱼鳞鱼还能活吗？

鱼的身体很柔软，鱼鳞则是鱼皮肤的一部分。如果没有鱼鳞，水会不断地渗入淡水鱼的体内，而海水鱼身体内的水分也会跑出来，这样鱼就活不下

▶皇带鱼

去了。所以，鱼必须有鱼鳞，如果把鱼鳞刮掉，就等于剥掉鱼的皮肤，鱼就会死掉。

珊瑚是一种动物吗?

珊瑚是由一种身体柔软的小动物——珊瑚虫，大量群居而形成的，所以属于动物。珊瑚虫从芽体中生长，能通过向海水中排卵进行繁殖，并以漂浮在水中的其他动物的幼虫或小动物为食。而那些生活在明亮、温暖、清洁的水中的珊瑚，随着它们的成长死亡，它们的硬壳不断堆积，最后就形成了我们看到的珊瑚礁。

▶ 长有八个或更多触手的珊瑚虫

电鳐为何会放电?

电鳐的身体扁平，头和胸部连在一起，尾部呈粗棒状，像团扇。电鳐可以发电，这是因为在电鳐的头胸部的腹面两侧各有一个肾脏形、蜂窝状的发电器官。它发出的电流能够击毙水中的小鱼、虾及其他小动物，是一种捕食和打击敌害的手段。

▶ 霸气的电鳐

螃蟹怎么都横着走?

因为螃蟹脚的关节只能向下弯曲，向左右移动，所以螃蟹不能向前走，只能横向爬行。它爬行时，先用一边的脚抓地，然后用另一边的脚伸直往一侧推。实质上，并不是所有螃蟹都只能横行，比如那些生活在沙滩上的长腕和尚蟹就可以向前奔走，而生活在海藻丛中的许多蜘蛛蟹，甚至还能在海藻上垂直攀爬呢。

▶螃蟹横着走

海参失去内脏会死吗?

当海参遇到敌害攻击时,会立刻抛出自己的内脏,分散敌人的注意力,然后乘机逃走。海参体内有一种结缔组织,这种组织由无数形态、构造相同的细胞集合在一起,是执行共同生理机能的细胞群。它们主要是进行再生、修补受伤或坏死了的细胞。因此,海参即便扔掉内脏,一样可以生存。

▶海参身上长满肉刺

part 4

两栖动物和爬行动物篇

娃娃鱼是一种鱼吗?

娃娃鱼不是鱼。它们生活在中国一些海拔200～1600米的山区溪流中，因为能像鱼一样生活在水中，叫声又酷似婴儿的哭声，所以称它"娃娃鱼"。娃娃鱼一般昼伏夜出觅食，喜欢吃鱼、虾、蟹、蛇、鸟和蛙类等动物，但它们的牙齿只会捕食，不会咀嚼，所以会把食物吞到胃里消化，往往吞下一只青蛙要十多天才能消化，所以它们有很强的耐饥饿能力。

▶ 娃娃鱼是现存最大的两栖动物

海里有青蛙吗?

青蛙喜欢水，可为什么在广阔的海洋中却看不到它们的身影呢?可能很多人不知道，青蛙虽然属于两栖动物，但是它们的肺部很不发达，必须借助皮肤来呼吸。然而，海水咸度很高，容易造成青蛙体内的水分通过皮肤渗出体外。如果青蛙体内水分渗出太多，又得不到及时补充的话，它们就有可能因"脱水"而死。因此，青蛙是万万不能生活在海洋中的。

▶ 虎纹蛙

树蛙会不会从树上掉下来?

树蛙是一种能爬树的蛙,它的每个脚趾末端都有一个圆圆的吸盘式小肉垫,当它往树上一吸时,就能将树抓得紧紧的。另外,树蛙能紧紧抓住树干和树叶,即使倒挂空中也不会掉下来的主要原因是它的脚趾很长,弯起来也特别容易,抓着树枝走动也十分方便。

▶会爬树的蛙

青蛙"呱呱"叫是为了什么?

▶气囊振动产生蛙鸣

青蛙同时用肺和皮肤进行呼吸。如果天气持续干燥,青蛙的皮肤就会因过度干燥而无法呼吸,因而一到下雨天,它就会尽情地用皮肤呼吸,把空气吸入声囊进而发出响亮的声音。因为青蛙中只有雄性才有声囊,所以我们在夏天夜晚听到的青蛙叫声都是雄蛙发出的,这样一方面能不断补充空气,另一方面发出的声音越大,越能受到雌性青蛙的青睐。

青蛙真的有益无害吗？

生活在农田附近青蛙的食量很大，食物种类也很多。青蛙喜食昆虫，从这点来说，它消灭了很多农业害虫，对农业是有益的。但是，青蛙在捕食昆虫时，不具备区别和选择能力，往往连农田益虫也一起吃掉，而且它的食物来源还有田螺、蜗牛、小鱼、小虾、小蛙、鱼卵等，对渔业也造成了一定的危害。所以说，青蛙是既有益又有害。

▶ 住在树上的雨蛙

蟾蜍是不是也喜欢跳来跳去？

要想跳跃就需要有一条强有力的后腿，青蛙由于经常在水中捕食，需要游泳，于是练就了一双有力的后腿，所以青蛙能跳；蟾蜍却只喜欢在潮湿的陆地上生活，游泳的机会很少，后腿锻炼的机会不多，前后腿的差别不大，所以蟾蜍只爱爬不爱跳。

▶ 蟾蜍又叫癞蛤蟆

▶正在除"害"的蟾蜍

蟾蜍是一种益虫吗?

蟾蜍是对人类有益的动物,它捕食的害虫比青蛙多好几倍,如蜗牛、蚂蚁、蝗虫等农作物害虫都是它捕食的主要对象,为保护农作物成长立下了大功。此外,蟾蜍体内的分泌物经晾干后,可制成蟾酥,蟾酥是一种名贵的中药材。

恐龙共有多少种？

恐龙是古代的一种爬行动物。很久以前，生活在地球上的恐龙种类很多，现已经命名的就有300多种。恐龙的个头有的很大，有的很小。有些恐龙是食肉动物，喜欢攻击别的动物，如棘龙、偷蛋龙等；有些恐龙则是草食动物，非常温顺，以地上的草或树上的叶子为生，如雷龙、禽龙、棱背龙等。相信随着研究工作的进展，恐龙的种类还会不断地增加。

▶单脊龙

▶剑龙

翼龙是会飞的恐龙吗?

翼龙不是真正的恐龙，它们只是恐龙的近亲。翼龙的样子很像蝙蝠，大多数都长着短短的细毛，且翅膀也没有羽毛，而是一张具有韧性的膜。之所以得翼龙之名，是因为它们的"翅膀"硕大无比。最大的翼

▶ 翼龙

龙展开双翼有11~15米长，相当于一架飞机大小；而最小的翼龙展开双翼仅25厘米，与一只燕子的身型差不多。

三角龙头上的角有什么用?

三角龙的头上长了3个角，这是它们争夺地位、抵抗敌人的武器。它们头上虽然长着锐利的角，但主要还是用来吓唬攻击它们的肉食恐龙。如果吓唬没有用的话，它们才会用头上的角和对方比个高低。

▶ 天生的斗士——三角龙

蜥蜴身上的角和尖刺有什么用？

有些蜥蜴身上长着尖锐的角和刺，这些角和刺长在身上，就像穿了一件坚硬的盔甲，使蜥蜴看上去十分凶猛，可以吓退许多来犯者。当然，如果还有哪些家伙不服气，它们一定会被扎得满嘴是血。所以说，蜥蜴身上的角和刺是它们防御敌人的武器。

▶ 加帕格斯群岛鬣蜥

▶ 蜥蜴

角蜥的眼睛真的会喷血吗？

有时候，当角蜥不小心被猛兽抓了，会遭到其利爪撕踏的折磨。猛兽们企图用这种办法将它们弄死，然后吃掉。遇到这种情况，角蜥会大量吸气，使身躯迅速膨大，以至于眼角边突然破裂，从眼睛里喷出一股殷红的鲜血。鲜血的射程可达1~2米，猛兽会被这突然迎面射来的鲜血吓得惊慌失措，这时，角蜥就可以乘机而逃了。

▶ 有些蜥蜴嘴里的毒液能杀死动物

楔齿蜥为何被称为"活化石"？

▶ 蜥蜴的皮肤可以变色

楔齿蜥昼伏夜出，白天栖居于信天翁、海燕等鸟的洞穴内，夜晚觅食昆虫、蠕虫和鱼虾等。楔齿蜥属喙头目，喙头目是爬行动物中最古老的类群，大多数种类生活于距今2.5亿年前至2亿年前，现仅存楔齿蜥一种。楔齿蜥具有类似2亿多年前古爬行动物的原始特征，如脊椎骨双凹型等，所以，在动物界有"活化石"美称。

变色龙是如何变色的？

　　变色龙被称为"动物魔术师"，因为它能在不同的环境下，将自己的身体颜色变成与周围环境相似的颜色。变色龙皮肤中有各种色素细胞，在光线、温度和湿度的影响下，色素细胞的集中或分散，就能产生出与环境相适应的皮肤颜色了。此外，变色龙的情感变化也会影响它的体色。一旦把变色龙的中枢神经切断，它就再也无法改变体色了。

▶ 变色龙的体色多变

蚯蚓断成两截后会死吗？

在自然界里，一般的动物，在身体被切成两段后肯定会死去。但是蚯蚓却不一样，它拥有很强的再生功能。蚯蚓的身体像由两条两头尖的"管子"套在一起组成的，当身体被切成两段时，断面上的肌肉

▶蚯蚓具有强大的再生能力

组织会立即收缩，一部分肌肉自己便迅速溶解，形成新的细胞团，同时伤口不断愈合，细胞不断增生，一条被分割的蚯蚓就奇迹般地变成了两条完整的蚯蚓了。

壁虎如何"飞檐走壁"？

▶壁虎母子

壁虎属爬行动物，我们常能看见它在墙上、窗户上、屋檐下自如行走。如果仔细观察，就会发现壁虎的脚趾上有一条条深沟，就像是一种强大的吸盘，有相当强的吸附作用，而且壁虎趾的表皮有无数根纤毛，每根纤毛的上面都有个微小的凸起。正是因为壁虎脚趾上的这种特殊结构，所以它能够自由自在地在墙上爬行却不会掉下来。

海龟为何要上岸产卵？

首先，海龟没有鳃，如果把卵产在海里，孵化中和刚孵出的小海龟就会因没有空气和不能呼吸而死亡。其次，海水的温度比较低，达不到孵化小海龟所需要的温度。因此，海龟只能到岸上产卵，这样才能孵化出健康的小海龟。据观察，海龟产卵时间都是在夜里。它们会用前肢挖个与自身相当的大坑，将卵产在坑内后用沙子覆盖上，然后离去。50～70天后，小海龟就出生了。

▶长椭圆形的乌龟蛋

乌龟的寿命怎么那么长？

经科学家们研究表明，细胞繁殖能力的强弱与龟的寿命有密切联系。乌龟行动缓慢，新陈代谢也慢，这些对它的身体各器官的磨损比较小，所以乌龟有极强的耐饥耐渴能力和较长的寿命。而且，体型比较大的素食龟与其他龟相比，寿命更长。

▶钻纹龟

蛇都是有毒吗？

不是所有的蛇都有毒。当毒蛇攻击并咬住猎物时，会从毒牙流出毒液，比如蝮蛇、白花蛇、眼镜蛇等。但是，也有些蛇并不分泌毒液。一般区分蛇是否有毒，主要看头的形状，三角形头骨的蛇多有毒，圆形头骨的蛇通常无毒。比如蟒蛇，就属无毒类，它主要靠强有力的肌肉来捕杀猎物。

▶海蛇是一种毒性非常强的毒蛇

蛇可以吞下比自己头还大的动物吗?

蛇类头部有与开合有关的骨骼。首先，蛇头部连接到下巴的几块骨头是可以活动的，所以它的下颌可以向下张得很大。其次，蛇下巴两侧的骨头以韧带相连，可以向两侧扩张很大。同时，蛇在吞食比它头部还大的猎物时，蛇嘴内还会分泌出大量唾液，这对吞咽过程起到了润滑的作用。

▶响尾蛇

蛇的舌尖为什么要分叉?

▶蛇的舌头

蛇的舌头可以用来判断气味来源，就像我们人类的左右耳朵一样，所以它们发达的舌头就成为分叉状。蛇是通过舌头判断猎物、配偶或是自己留下的痕迹，所以如果剪去蛇的舌尖分叉，它们就会丧失追踪气味的能力。而且堵住蛇口中通往探测器官的孔道，它们也会丧失辨别能力，只能在原地转圈。

part 5

鸟类篇

鸟为什么能够飞行？

首先，鸟类体表覆盖着轻盈的羽毛，这使鸟类外形呈流线型，减少空气阻力；由羽毛组成的翅膀上下扇动还能产生气流，让鸟快速前行。再者，鸟类中空的骨骼内充有空气，这种特殊结构让鸟儿大大减轻

▶ 秃鹫

了重量，加强了支持飞翔的能力。最后，鸟的胸部肌肉非常发达，这为鸟儿起飞和飞翔提供了强大动力。

鸟也有牙齿吗？

鸟的"牙齿"其实在它们的胃里。鸟类的胃分为前后两个部分，前半部分叫作前胃，后半部分叫作"砂囊"。鸟吃下去的小石子和小沙粒都在砂囊里。食物先进入砂囊中，被这里的小石子磨碎，然后再返回前胃进行消化、吸收。所以，鸟类就没有长牙齿的必要了，因为它们的砂囊代替

▶ 始祖鸟

了牙齿的作用，但鸟类的祖先们有些是有牙齿的，例如始祖鸟。

▶ 鸟群

鸟在天空中会不会迷路?

鸟儿掌握方向的本领可谓多种多样,随着环境的变化,它们还会非常适宜地改变寻找方向的策略。例如,我们生活中常见到的鸽子,它们在晴天会用太阳作为罗盘,但是当太阳不可见时,它们就会去感应地磁信号来寻找方向。还有一些在黎明和黄昏时分行动的候鸟,例如知更鸟,它就是通过日出和日落时的偏振光来确定方向的。

鸟筑巢是为了什么?

鸟筑巢完全是一种先天性行为,目的是为孵化雏鸟、哺育雏鸟提供舒适的场所。很多人都认为,鸟筑巢是为了睡觉,实际上鸟儿睡觉的地方很简单,一个小树枝就足够了。睡觉时,鸟会把躯干微缩,伸开脚尖,使趾能自动地向内侧弯曲,自然就能用伸缩性很强的腱抓住树枝,而头放在背后,支持肌肉不活动,便能使身体完全保持平衡。

▶一只八哥在树上休息

所有的鸟都会筑巢吗?

▶布谷鸟四处觅食

大部分鸟类都有筑巢的天性,但有一些鸟类就从不筑巢。例如布谷鸟,它是出了名的偷巢大师,经常悄悄地把自己的蛋下在其他鸟类的巢中。当布谷鸟的蛋孵化成幼鸟时,幼鸟会把窝里真正主人的蛋给推出去,这样就顺理成章地霸占了这个巢。此外,生活在南极的企鹅、食肉的斑鸠、学话的鹦鹉等也没有筑巢的习性。

鸟飞行时为何要把脚收起来？

鸟儿在飞行时，都会把脚收起来，有的藏在肚子底下，有的把长腿伸在身后与身体保持一条线。这样做不仅能让鸟儿保持平衡，同时也减少了风的阻力，从而使飞行变得更快、更轻松。

▶飞翔中的鸽子

鸟为什么不会触电？

想要让鸟儿触电可是一件不易的事情。首先，鸟体内的电阻很大，一般电阻越大，电流越难通过。其次，通电的完成需要形成一个完整的电流回路，但鸟儿往往只是停在一根电线上，不能构成完整的回路。所以，鸟是不会触电的。

▶站在电线上的小鸟

▶鸵鸟翅膀已经退化

鸵鸟会飞吗？

鸵鸟也是鸟，为什么飞不起来呢？答案很简单，因为它不具备在空中飞翔的条件。鸟想要在空中自由飞翔，一要长着有羽毛的翅膀，二要体态轻盈。鸵鸟身长两米多，体重达到150千克，又大又重。所以，即便鸵鸟有用羽毛"武装"起来的流线型的身体，又有翅膀，但也是飞不起来的。

鸵鸟把头埋进沙子是为了什么？

每当遇到危险来不及逃跑时，鸵鸟就会把头颈平贴地面或者埋进沙堆里。人们常常嘲笑鸵鸟的这种行为，实际上大家都误解了它。鸵鸟一旦受惊或发现敌情，会迅速把脖子平贴于地面上，身体蜷曲成一团，它是在利用自己暗褐色的羽毛伪装成岩石或灌木丛。而且据观察，鸵鸟平时也喜欢把头和脖子贴近地面，因为这更容易听到远处的声音，有利于及早避开危险。

▶ 飞奔的鸵鸟

鸵鸟怎么跑得那么快？

▶ 两只鸵鸟奔跑嬉戏

在进化过程中，虽然鸵鸟的翅膀退化了，但它的腿脚却变得更加强壮。它们奔跑的速度极快，而且能够长时间以无与伦比的速度奔跑。这是为什么呢？第一，鸵鸟腿长且轻，这可以使它的奔跑速度达到极致；第二，韧带帮助鸵鸟使耐力最大化，确保了鸵鸟能够集中全部肌肉的能量奔跑，而不用顾及其他。此外，鸵鸟的长腿和长脖子上没有羽毛，这样使身体更易散热。

▶ 浮在水面上的天鹅

天鹅能浮在水面上吗？

水鸟的身体结构有很多适合水中生活的特点。天鹅身上长着一层厚厚的羽毛，这些羽毛像船的外壳一样，而且羽毛的外表有一层油脂，水不会沾湿羽毛。所以，天鹅能浮在水面上，不会沉下去。

鸽子是如何寻路的？

▶ 白色信鸽

人们在古代和近代常常会用鸽子来送信，因为信鸽具有多种辨别方位的本领。在晴天时，信鸽会利用太阳光来导航。它们体内的生物钟可以对太阳的移动进行校正，选择方向。阴天时，信鸽则利用它们两眼之间的凸起处的测量磁场装置来用地球磁场为自己"导航"。另外，信鸽还能用气味来充当寻找归途的线索！

猫头鹰为何睁一只眼闭一只眼？

　　猫头鹰是夜行性的鸟类，它在夜间会同时睁开大大的、明亮的双眼，观察和捕捉猎物。但在白天，由于阳光对它眼睛的刺激，它不能一直睁大双眼，只好睁着一只眼睛，而闭上另一只眼来养神。一旦觉察到什么情况，它才会同时睁开两只眼睛，观察动静。

▶ 猫头鹰

大雁飞行时为什么要排队？

　　大雁在迁徙时，常常排列成整齐的"人"字形或"一"字形，自北向南缓缓掠空飞行。在雁群前面领头的老雁发挥着重要的作用，首先它的翅膀在空中划过时，翅尖上会产生一股微弱的上升气流，后面的雁为了利用这股气流，就必须一只接一只地紧跟其后了，同时排队飞行有利于防御敌害。领头雁具有先天性的定向感觉，这让整个飞行队伍能安全、准确地完成迁徙之旅。

▶大雁列队前行